esto

me

hizo

pensar

en ti

EMILY BIRD

ISBN: 979-8-9890563-2-3

LIBROS DE EMILY BIRD

esto me hizo pensar en ti

esto me hizo pensar en nosotros

instagram: @emilybirdpoesia

descubrir el amor es un hermoso viaje.
compartirlo y recordarlo en medio del ruido y la
confusión de la vida, ahí es donde radica la verdadera
magia.

momentos compartidos *7*

tesoros y cuentos *30*

ecos en acción *40*

vínculos sobreentendidos *57*

palabras susurradas *79*

el amor dentro de *92*

los sentimientos *114*

momentos
compartidos

esto me hizo pensar en ti

me encanta apoyar la cabeza en tu hombro,
descubrir que tu corazón late al ritmo del mío.
agarrados de la mano, un puzle completo.
encajamos perfectamente, tú y yo.
¿quizás dios nos hizo así?

esto me hizo pensar en ti

llamadas silenciosas de madrugada mientras dormimos.
estás lejos, lo sé, pero te siento tan cerca,
tu respiración profunda y tu voz suave me llevan
a un lugar donde te abrazo mientras dormimos.
es un sueño que espero que pronto se haga realidad.

el viento baila entre nuestro cabello
mientras viajamos por la vida.
no estamos seguros de hacia dónde vamos,
pero estamos felices de estar juntos

.

esto me hizo pensar en ti

a veces olvido
que solíamos ser extraños.
una vez nos conocimos,
¿cómo te iba a olvidar?

saltar a la cuerda en la escuela primaria,
verdad o atrevimiento en la secundaria,
agarrarnos de la mano en el instituto.
ya no es como era, pero lo parece:
como si te conociera desde siempre.

esto me hizo pensar en ti

quizás estábamos destinados a estar juntos,
quizás no.
no importa
siempre que estés conmigo.

me encanta tu *risa*. me encanta el *te quiero* en susurros que siempre viene depués. me encanta tu *sonrisa*. me encanta el *beso* que le sigue. me encantan tus *ocurrencias* que me hacen reír. me encanta que seamos *amigos*. somos amigos *antes* de amantes. también *fuimos* amigos antes de enamorarnos.

así es como tiene que ser, creo.

el silencio es *fuerte* entre nosotros. no estamos hablando. ni siquiera nos estamos mirando o tocándonos. aun así, el *amor* es fuerte. el amor entre nosotros llena el silencio. tal vez sea mágico. tal vez sea solo mi imaginación. no lo sé. todo lo que sé es que me hace sentir bien.

me hace sentir bien.

jugar a fingir en el jardín.

correr por la carretera en bicicleta.

besarnos detrás del cobertizo.

mandarnos mensajes hasta la madrugada.

reírnos de chistes susurrados.

hablar un idioma secreto.

la primera vez que nos agarramos de la mano.

decir te quiero una noche.

los besos largos se convierten en más.

nuestra historia es hermosa.

la historia de dos niños, creciendo.

la historia de dos personas que se enamoran.

cada vez que he llorado en tus brazos, cada vez que me has hecho reír, cada vez que sabías que necesitaba un abrazo sin que yo lo dijera, cada vez que deberías haberte enfadado conmigo pero no lo hiciste—¿cómo me quieres tanto? cada vez que fracaso, estás ahí para levantarme. cada vez que gano, estás ahí para celebrarlo conmigo. cada vez que estoy triste, estás ahí para presenciar la tristeza conmigo. cada vez, estás ahí.

cada. vez.

un te quiero susurrado. una risa en el canto matutino de
los pájaros. un beso bajo las luces de la ciudad. el
abrazo en un día duro. elsuave apretón de tu mano en la
mía, recordándome que todo irá bien. comer deprisa
para poder volver a decir algo en un restaurante. discutir
porque nos queremos pero temenos ideas diferentes
sobre cómo demostrarlo. pasear por la playa, hablando
de nuestro futuro. comer comida rápida en el coche,
recordando nuestros días

juntos.

una película suena de fondo, pero no le presto atención. te estoy mirando. eres preciosa. eres la persona más importante de mi vida. moriría por ti. viviré por ti. te quiero más de lo que sabía que era posible querer a alguien. eres tú, como siempre ha sido.

a veces, todo lo que necesito es un abrazo tuyo,
y todo vuelve a estar bien.

vámonos de aventura,
tú y yo, juntos.
trae amigos a los que
no hemos tenido tiempo de ver.
huyamos lejos
a nuestro propio mundo.

el amor y la armonía
nos rodean naturalmente
cuando nos servimos
unos a otros tan libremente.

esto me hizo pensar en ti

tu cálida piel
presiona contra la mía
luchando contra el frío
de las estaciones
que cambian.

esto me hizo pensar en ti

corre conmigo por las praderas de flores silvestres de la
vida,
roza con las manos la alta hierba, toma las flores,
siente el calor del sol de verano en la piel,
y sonríe conmigo mientras existimos en este momento,
juntos.

compartimos nuestras últimas monedas para un batido;
te pones el auricular izquierdo, yo el derecho.

suena una lista de reproducción mixta tuya y mía.

mis zapatos están gastados, tu sombrero tiene un
agujero.

aunque no nos importa. somos felices así.

esto me hizo pensar en ti

me encanta cuando duermes.
respiraciones profundas y suaves, inspiras y expiras,
las arrugas de tu cara se desvanecen.
te acerco y te acurruco.

rezo por tu seguridad esta noche,
a quienquiera que esté escuchando,
y susurro "te quiero"
por si lo necesitas.

no puedo recordar mi vida sin ti. tal vez no quiero.
en cualquier caso, estaría mal no tenerte aquí. no reírme
de estupideces. no abrazarte cuando estoy triste o
simplemente porque sí. no compartir el último trozo de
pastel, aunque haya comido más de la cuenta. no planear
nuestro futuro juntos con unosespaguetis baratos. no
sonreír cuando te oigo reír, aunque no tenga gracia. no
abrazarte cada noche, acercándote todo lo que puedo. no
quiero recordar una vida así.

tú y yo.
¿cómo comenzó?
no me importa, en realidad.
continuemos,
juntos.

susurramos durante las películas.

nos reímos de chistes internos.

desafinamos a propósito.

tenemos un lenguaje secreto.

comemos demasiada comida para llevar.

compartimos todo lo que podemos.

somos mejores amigos y amantes.

somos perfectamente imperfectos.

somos como quiero que seamos para siempre.

todos necesitamos a esa persona que tenga la caja de pañuelos.
cuando las lágrimas empiezan a caer por cualquier razón,
quiero estar ahí.
cuando la gente es cruel,
el tráfico está imposible,
y la vida se complica;
déjame escucharte,
déjame abrazarte,
déjame ser la
persona que necesitas.

tesoros y cuentos

¿te gusta? pregunto.

sé la respuesta:

sí, por supuesto.

incluso si no.

todo lo que puedo hacer es esperar

que estés diciendo la

verdad.

cuando haces un regalo,
parte de tu alma va con él.
cuando alguien te regale
parte de su alma

asegúrate de tenerla cerca.

déjame darte lo que sea que haga que brille la luz en tus ojos.

déjame comprarte el mundo entero, si fuese necesario.

déjame recogerte todas las flores de la pradera si eso es lo necesario.

déjame cantar para ti y grabarlo y dejarte escucharlo una y otra vez.

déjame amarte. déjame enseñarte lo mucho que me importas. déjame bendecirte, incluso sin ser un dios.

déjate ser bendecida. déjate aceptar el regalo, sea cual sea, porque mereces todo el esfuerzo, dinero o pensamiento que ha costado conseguirlo. déjate aceptarlo sin culpa alguna.

te mereces todo lo que te puedo dar y mucho más.

sueño con un futuro contigo,
uno lleno de sonrisas y risas,
bailando en la cocina,
cantando por la carretera,
viviendo la vida juntos.

a menudo, son las personas que te rodean las que realmente ven tu valía. ven todo tu trabajo: las noches trabajando hasta más tarde delo debido, las lágrimas que has llorado cuando pensabas que nadie te veía. en muchos casos, son incapaces de pagarte lo que les has dado. lo mejor que pueden hacer quienes te quieren es darte lo que pueden. tal vez sea un abrazo largo con una tarjeta de gracias y un postre. tal vez sea una fiesta para celebrarte. tal vez sea eso que llevabas queriendo años y años, pero que siempre has dejado de lado para bendecir a otros. sea lo que sea, tangible o no, te lo has ganado. di "gracias" y acéptalo.

esto me hizo pensar en ti

abrázame mientras soplan las tormentas de la vida,
dime que todo está bien,
déjame encontrar la paz esta noche,
y nunca jamás me dejes ir.

te *has acordado*. dije algo hace siglos. me había olvidado por completo de ello, pero te has acordado. te importo lo suficiente como para que lo recordases todos estos meses hasta que por fin has podido encontrarlo de nuevo. no me lo esperaba, solo lo mencioné de pasada, pero aquí estás, sonriendo, mientras estoy en shock con él en las manos. *gracias por acordarte.*

quiero darte
cada pequeña cosa o
flor o abrazo o
lo que sea que
te haga sonreír
como acabas de hacer.

esto me hizo pensar en ti

cuando consideres
qué regalar a un ser querido
recuerda lo que se siente al ser

visto.

no regales por
obligación o por la idea de que
te bendice. regala para

amar.

ecos en acción

el amor tiene muchas formas y tamaños. el amor se encuentra en el abrazo de un amigo después de un largo día, que te recuerda que: *eres suficiente.* el amor es cuando alguien te trae comida después de enterarse de que estás enfermo para hacerte el día más fácil. quizás encuentres el amor en un mensaje de un viejo amigo que finalmente intenta ponerse en contacto de nuevo contigo, o un amigo no tan viejo que te manda un simple *hey, ¿cómo estás?* que te muestra que no se ha olvidado de ti. el amor se encuentra en el piar de los pájaros, en el meneo del rabo de un perro, en el ronroneo de un gato callejero, en el susurro de las hojas de los árboles, en el sol que te calienta desde fuera. *el amor está en todas partes.*

esto me hizo pensar en ti

¿por qué hiciste esto por mí?

porque puedo.

no olvides quién eres.
eres la *luz* que brilla
en la *hora más oscura* de la noche.
incluso si no brillas,
seguirás trayendo *luz* a la *oscuridad.*
en un mundo lleno de *sombras.*
puedes ser la luz del amor.

esto me hizo pensar en ti

una abuela lucha contra la agonía
de la artritis en sus manos desgastadas
para hacerle otro regalo a sus nietos
y ver la sonrisa que dibujan en sus ojos.

una mujer trabaja como voluntaria en un refugio de
animales,
luchando contra la alergia y los estornudos,
para intentar alegrar las vidas que pueda.

una madre esconde las lágrimas al
darle la comida a su hijo mientras sigue hambrienta
por mantenerle a salvo y feliz hoy.

un hombre detiene su camión, bloqueando la carretera,
para permitir que una mamá pato y sus patitos
crucen sanos y salvos hasta el agua al otro lado
porque para él toda vida es igual y valiosa.

el amor verdadero trae el servicio verdadero.
si no hay amor desinteresado,
no habrá servicio verdadero.
las bendiciones son solo para
que su el ego crezca más.

el amor verdadero crea el deseo
de ayudar a aquellos a los que aman
de la forma que necesiten,
no de la manera conveniente.

¿quién te ha servido esta semana? damos por sentado a estas personas todos los días. el cajero de walmart o el cocinero del mcdonald's. alguien recoge tu basura cada semana. otra persona se asegura de que tu agua esté limpia y sea potable. quizás te abrieron la puerta o te hicieron un simple cumplido. alguien cortó y lijó la madera, mezcló el hormigón y construyó el lugar dondequiera que estás leyendo esto. tu sofá lo ha fabricado todo un equipo de personas, desde diseñadores hasta fabricantes. la obra de arte que cuelga de tu pared ha sido diseñadas por una mente creativa. esas cortinas las ha sembrado la mano de alguien a quien nunca conocerás. la comida de tus armarios la han hecho y envasado desconocidos. alguien ha escrito ese libro que tanto te gusta. otra persona ha diseñado la hermosa portada que admiras. *el servicio está en todas partes si te fijas bien.*

vi el mundo bajo una luz más brillante
cuando me di cuenta de que realmente
podía ser capaz de cambiar el curso de las
vidas todos y cada uno de mis días.
he visto cómo un cumplido trae
una ligera felicidad al rostro cansado
de un estudiante universitario estresado.
he visto cómo la ligereza se abre camino
en los hombros tensos de una madre
cuando le dicen lo bien que lo está
haciendo en realidad al criar a sus hijos.
nunca he tenido que mentir para iluminar
el cielo del largo día de alguien.
hay razones para sonreír en todas partes,
pero a veces otra persona
necesita ser quien las señale.

en los negocios preguntan:
    ¿qué puedes hacer por mí?
en el amor preguntamos:
    ¿qué puedo hacer por ti?

el amor de una madre,
servicio desinteresado,
compasión infinita,
amor incondicional.

todos necesitamos este amor,
y se extiende más allá
de la maternidad y las fronteras.

el amor de una madre
une al mundo,
permite que todos se sientan amados,
mantiene a salvo a los extraños,
y llena el mundo
de actos de amor.

el amor se hornea creando galletas,
se martillea creando hogares,
se pinta creando obras de arte,
se escribe creando cartas.
el amor se muestra en las sonrisas
que nuestros actos provocan en los rostros.

observa cómo se les quita
un peso de encima
mientras les ayudas.
mira cómo la sonrisa sube
a sus ojos de nuevo,
y la paz los encuentra.
deja que te llene de alegría,
y vuelve a hacerlo.

esto me hizo pensar en ti

bésame
como si fuera la
última vez
cada vez.

tu nombre
aparece en mi pantalla,
tres llamadas perdidas,
mi corazón se acelera
hasta que escucho tu voz.
«solo quería decirte que te quiero».

el amor de la madre tierra
está en la caricia del viento
en el calor del sol,
la suavidad del pelaje,
y el frescor de la tierra.
está en el agua que
abraza y nutre.
su amor está en todas partes.

me he dado cuenta de algo:
la gente feliz, quienes
se aman a sí mismos,
y aman la vida,
siempre ayudan a los demás,
haciendo también de alguna forma
su propia sonrisa más brillante.

más despacio.
tienes más horas
de las que crees.
dedica algunas a ayudar
a los que te rodean.

también te ayudará a ti.

vínculos

sobreentendidos

abrázame.
sé que es tarde.
sé que sientes cansancio.
pero, por favor, tan solo
abrázame.

esto me hizo pensar en ti

me gusta pensar que soy mayor.
pago las facturas, tengo un coche, trabajo;
hago todo lo que hacen los mayores.

pero algunos días, ser mayor es
demasiado difícil para mí,
así que me acerco a mi madre y le pregunto
¿me das un abrazo?

¿alguna vez has tenido un amigo, uno nuevo, al que casi ni conoces, pero del que te estás empezando a enamorar, que te haya dado un abrazo, o hayáis chocado manos, o te haya puesto una mano suave en el hombro? siempre habla de lo bien que los quieres. hay un sentimiento, un sentimiento feliz, ligero, que te llena.

enamorarse no tiene por qué ser algo romántico. tu amigo tienela risa más mona, y es extremadamente contagiosa. el chico al que ves alimentando a los pájaros en el parque siempre te hace sonreír un poco. hay un adolescente que pasa corriendo por tu casa todos los días, y te sientes orgulloso de su esfuerzo. una madre le habla con paciencia y dulzura a su niño que llora, y tú la amas por ser amable. hay un anciano en la biblioteca que investiga sobre astronomía porque su nieto, de solo cuatro años, tiene una nueva obsesión con ella, y no puedes evitar sentir ese calor en el pecho. la belleza de los desconocidos es el amor pasajero, pero siempre presente, que sentimos por ellos.

una tristeza más profunda me encuentra cuando acudo a un amigo en busca de un hombro sobre el que llorar. la tristeza común suele conducir a un ser querido, pero ¿qué sucede si esos seres queridos son el motivo de mis lágrimas? el abrazo de un amigo, mientras lloras las penas de la vida que aguantas, puede traer una paz mayor que cualquier otra. un amigo verdadero espera paciente, frotando o dando palmaditas o meciéndose para calmarte, y escucha tus penas con gracia y amor. encuentra amigos así, y no los dejes ir.

¿cuánto hace que no ves a ese amigo?

sabes de quién hablo.

parece que nunca tengáis tiempo el uno para el otro,
pero de alguna forma parece que funciona bien.

siempre sois capaces de reconectar y reuniros a vuestro
antojo.

es tu turno de ponerte en contacto (aunque no lo sea).

ofrece un café, una conversación, y un muy necesario
abrazo antes de volver a vuestras vidas separadas.

esto me hizo pensar en ti

te he abrazado en sueños
cada noche que he pasado sin ti.
te he abrazado
cada día que he pasado contigo.

esto me hizo pensar en ti

necesitas un abrazo.
sí, de verdad que sí.
tan solo pide uno.
ellos también lo necesitan.

¿por qué evitamos el contacto? a veces nos olvidamos de abrazar a nuestros familiares cuando los vemos. sentimos que tan solo podemos pedir un abrazo si lo necesitamos desesperadamente, no porque queramos uno. ¿por qué nos forzamos a sufrir sin contacto? todos sufrimos la falta de contacto, así que *¿por qué es tan difícil hacerlo?*

esto me hizo pensar en ti

necesito un abrazo.

¿cómo podría explicar nuestro amor a otra persona?

¿cómo podría explicar la lluvia a quien nunca la ha visto?

¿cómo podría explicar el calor a quien nunca lo ha sentido?

¿cómo podría explicar nuestro amor?

no te olvides de abrazarme
antes de irte hoy.
nunca sabemos cuándo
podría intervenir el destino,
y no volver a vernos
de nuevo.

esto me hizo pensar en ti

todo lo que necesito
eres tú
aquí
conmigo.

no pasa nada.
deja que te abrace.
deja que me balancee.
deja que te calme.
todo saldrá bien.

te amo.
no como amo a los compañeros de mi vida,
sino como amo esa canción, ¿sabes?
puedo escucharla una y otra vez, por siempre,
y aun así escuchar algo nuevo cada vez.

tal vez sea el amor que siento por las obras de arte,
contemplándolas durante horas con asombro
te amo así.

necesito el tipo de abrazo que dura horas. uno que
limpie mi alma, relaje mis hombros, alivie la tensión de
mi
cuello y calme mi dolor de cabeza. el que elimina
mis preocupaciones. uno que haga que todo vuelva a
estar bien.

necesito ese tipo de abrazo.

la familia es cálida.
nos reunimos bajo el sol del verano,
o en suéteres alrededor de una fogata.
nuestro tiempo está lleno de abrazos y
mejillas sonrosadas mientras sonreímos
y hablamos y reímos y amamos.
la familia es cálida.

esto me hizo pensar en ti

de la persona correcta, no existen
demasiados abrazos.

en los días en los que nada
parece ya importar,
a menudo encuentro el sentido
cuando estoy en tus brazos.

esto me hizo pensar en ti

te daré un abrazo
tantas veces como necesites.
nunca se me acabarán.

te abrazaré esta noche
y te recordaré que todo saldrá bien.
puedes llorar si lo necesitas,
tan solo te diré lo mucho
que te amo.

palabras susurradas

sé que hoy ha sido difícil. te has sentido solo. te has sentido débil. no pasa nada por sentirse así a veces. puede ser duro recordar que no estás solo. cuando estás en el sombrío valle de tus montañas, no puedes ver la luz al otro lado. estoy aquí contigo en este viaje. estás a salvo. lo estás haciendo mejor de lo que crees.

mírame.
eres mi todo.
eres mi sol.
te amo.

todo saldrá bien.
no sé cuándo.
pero saldrá.
te lo prometo.

te puedo decir,
una y otra vez
todo lo que puedes hacer.

te puedo susurrar
en las horas más oscuras
que la luz sigue ahí.

te puedo cantar
una dulce melodía
de lo bien que lo estás haciendo.

ninguna de mis palabras importará,
ni lo más mínimo,
si no eres creyente.

abrázame esta noche
bajo las luces de la ciudad
y sueña conmigo
con las estrellas.

dime.
dime lo mucho que me amas. dime cuánto aprecias
todo lo que hago. dime que quieres pasar la vida conmigo.
dime que sueñas conmigo. dime lo guapa, graciosa y
maravillosa que soy. dime que el sol me da en la cara.
dime que mi risa te da mariposas en el estómago y que
mi sonrisa te llena de calor. dímelo todo.
dímelo de nuevo.

estoy *fracasando*.

no tengo amigos.

no merezco amor.

no sé hacer nada bien.

todo lo que intento se derrumba.

no puedo seguir con todo.

no valgo nada.

no puedo hacerlo.

estás *aprendiendo.*

te rodea gente que te quiere.

puedes tener todo el amor que tengo para dar.

mejoras a base de prueba y error.

convierte las piezas rotas en arte dorado.

puedes pedir ayuda con cualquier cosa.

ya eres mucho.

sí, sí puedes

cántame.
canta como lo hace un pájaro a su amante.
canta de forma que las palabras fluyan tan
perfectamente.
di las palabras que has deseado decir.
habla como escribe un poeta.
háblame.

esto me hizo pensar en ti

cuando he estado trabajando tan duro,
y los días y las noches empiezan a desdibujarse.

cuando no puedo soportar lo lejos que estamos.

todo lo que se necesita son unas palabras de amor
para que todo vuelva a estar bien.

en la vida hay muchos «y si».

por ejemplo, ¿qué pasaría si nunca nos hubiéramos
encontrado?

creo que encontrarte ha sido la mejor parte de mi vida;
la guinda de mi pastel, por así decirlo,
la nata montada,
con sus cerezas y virutas.

¿y si te encontrara, pero estuvieras casada con otro?

¿y si buscaba por todas partes y me conformaba con
amantes sosos y celosos?

y si, finalmente,
encontré tu cara exacta,
¿pero no eras realmente tú?

sino un doble,
tratando de engañarme,
enviado desde alguna fuente oscura en la que prefiero
no pensar.

afortunadamente,
estás aquí.

tal vez cayeras del cielo.

¿quién sabe? mientras tanto,
me sumerjo en un pozo sin fin
de gratitud,
lleno de cremosidad y dulzura,
porque has cubierto mi vida de felicidad.

te elijo a ti
todos los días,
incluso en días
cuando es difícil,
sobre todo, entonces.

el amor dentro de

deja de mirarte al espejo y señalar tus *imperfecciones*. deja de *contar* las calorías o *vigilar* los carbohidratos. deja de meter barriga. deja de *preguntarte* lo que piensan de ti. deja de *fingir* que eres otra persona para gustarles. deja de *odiar* la forma en la que hablas. deja de intentar cambiarlo *todo* de ti. deja de *odiarte*. *déjalo*.

empieza a señalar cada detalle perfecto y *hermoso* de ti. empieza a *comer* lo que te gusta. empieza a comer *suficiente* de eso. empieza a llevar tops cortos y a enseñar la barriga porque, *¿por qué no?* empieza a vivir *sin preocupaciones*. empieza a ser *tú*. empieza a hablar de la forma que *sientas* correcta.

empieza a abrazar a quien eres *ahora*. empieza a *amarte*. *empieza*.

no recuerdo cuándo dejó de importarme.
como lo que quiero. digo lo que pienso.
me pongo lo que me parece bonito.
abrazo mis imperfecciones,
y amo mis defectos.
pero ahora soy
libre

esto me hizo pensar en ti

parece que fue ayer
cuando tú y yo éramos jóvenes;
dos amantes soñando juntos
con una vida que podría ser.

es un milagro, lo sabes.
de entre miles de millones de personas,
los dos conseguimos
encontrarnos.

esto me hizo pensar en ti

te amo como el sol ama a la luna,
compartiendo su luz con ella cada noche
y esperando su regreso cada día.

esto me hizo pensar en ti

me enamoré de ti
bajo el sol del verano,
y ahora permanezco cerca de ti
mientras dura la ira del invierno.

crece conmigo,
mientras recorremos
los años
juntos.

esto me hizo pensar en ti

me miro en el espejo y veo una obra maestra.
te miro a ti y veo belleza ilimitada.
me miras y ves todo lo bueno.
te miras en el espejo y solo ves lo malo.

¿fue el destino,
un presagio del destino,
o fue una casualidad,
tú y yo?

esto me hizo pensar en ti

el ayer se ha marchado,
el mañana no está aquí,
así que vive conmigo
el hoy.

esto me hizo pensar en ti

tu respiración en mi hombro,
tus brazos alrededor de mi cintura;
un abrazo de apariencia sencilla

esto me hizo pensar en ti

risas
en las mantas,
besos
en la orilla del mar.

desde el momento en que abras los ojos,
hasta que te duermas,
quiero borrar a besos
todas tus preocupaciones,
y toda tu angustia.
si se te rompe una uña o un cordón,
si se cae internet,
si no podemos conseguir una reserva,
o el viento despeina tu cabello,
prepárate.

esto me hizo pensar en ti

jamás olvides que los
  poetas
  escultores
  pintores
  fotógrafos
  escritores
  cantantes
han admirado la
  belleza
de aquellos que se parecen
  a ti

¿cuántas estrellas hay?
¿cuántos mundos las orbitan?
¿cuántas galaxias llenan el cielo?
¿cómo nos hemos encontrado?

no busques el amor en otra persona.
no lo encontrarás, no el amor que necesitas.
busca en ti el amor que necesitas.
eres la única constante verdadera que hay en tu vida.

eres la única persona que conoce
todos y cada uno de tus defectos y
todos y cada uno de tus perfectos detalles.
nadie más te puede amar tan plenamente como

tú.

todos los días nos ocupamos de las cosas que nos
rodean.
    hay que limpiar la cocina.
    hay que lavar los platos.
    hay que doblar la ropa.
    hay que barrer el suelo.
pero no te olvides de cuidarte a ti.
    tu cuerpo necesita limpieza.
    tu pelo necesita que lo cepilles.
    tus músculos necesitan estirarse.
    tu alma necesita espacio.
    tú también necesitas que te quieran.

alguien ve un animal y sonríe gracias a ti.
alguien baila un baile gracioso que le enseñaste.
alguien se ríe gracias a un recuerdo tuyo.
alguien te quiere contar lo que ha escuchado.
alguien escucha una canción y piensa en ti.
alguien se pregunta si estás bien hoy.
alguien planea una sorpresa para ti.
alguien reza por ti.
alguien te quiere.
importas.

si nuestro barco se hunde,
te arrastraré hasta mi resto del naufragio,
y te abrazaré fuerte,
más fuerte de lo que lo habría hecho,
en la pista de baile de la cubierta principal.

todos necesitamos a esa persona que tenga la caja de
pañuelos.

cuando las lágrimas empiezan a caer por cualquier
razón,

quiero estar ahí.

cuando la gente es cruel,

el tráfico está imposible,

y la vida se complica;

déjame escucharte,

déjame abrazarte,

déjame ser la

persona que necesitas.

los sentimientos

no sé si el cielo es real,
pero sé
 que será un infierno
si a mi lado no te encuentro.

puede que me reencarne,
que se me dé la oportunidad
 de encontrarte
y otra vez amarte.

puede que no haya nada en el "más allá",
pero sé
 que las estrellas lo recordarán
y nuestra historia contarán.

tu *abrazo*
> es el sol en mi piel
> mientras tomo el sol en la arena ardiente de la
playa.

tu *voz*
> son los pájaros que cantan cuando me levanto
> de la suavidad de la cama todas las mañanas.

tu *piel*
> son las nubes en las que bailo
> cada noche que paso contigo en sueños.

tus *ojos*
> son galaxias contenidas
> dentro de sabios ojos maravillosos.

tu *todo*
> es mi mundo
> y mi musa.

esto me hizo pensar en ti

cuando veo a una pareja de ancianos
en el supermercado,
sentados en el porche,
paseando al amanecer,
riendo en la cena,
pienso en nosotros y rezo
a quienquiera que haya
para que un día seamos
como ellos.

esto me hizo pensar en ti

no tienes que hacer nada;
   solo tu presencia me trae alegría.
mi mejor amigo, amante y compañero;
   el *sol* en mis días lluviosos,
   el *ancla* en mis tormentas.
no sabes lo *fuerte*
   que me haces.

no tenía seguridad de que el amor fuese real.
mis abuelos reñían.
mis padres se resentían.
posible no parecía.

hasta que me mostraste que el amor es real.

puedo cansarme de la misma comida,
la misma rutina, la misma gente,
la misma ciudad, la misma ruta,
la misma película, el mismo libro,
la misma casa, los mismos olores,
pero, de alguna forma, nunca me canso

de ti.

tu presencia puede salvarme
de asaltantes invisibles
tu abrazo puede calendar
la más fría de mis noches.

tu beso puede calmarme
en el mar más tempestuoso.

siempre parece como que falta algo
cuando no estás aquí conmigo.
las piezas del rompecabezas encajan
cuando vuelves a casa conmigo.

¿ves las estrellas? cuéntalas.
son los años que
quiero pasar contigo.
¿ves los granos de arena?
cada uno representa un beso
compartido en la dicha del atardecer.
¿ves las hojas de cada árbol?
hay demasiadas pocas para contar
cuántas veces te diré
te quiero.

la gravedad atrae los planetas,
las estrellas y las galaxias.
el amor nos atrajo a ti y a mí,
dos extraños, juntos.

olvidé lo que se sentía
al mirarme en el espejo
y no sentirme llena de

odio

hacia la chica que veía.
solo veía imperfecciones.
olvidé lo

guapa

que realmente era.
gracias por
enseñarme a

amarme

de nuevo,
a ver mis imperfecciones
como lo que son:

arte

ninguna manta es tan calentita,
ninguna cama es tan cómoda,
ninguna almohada es tan reconfortante
como estar contigo.

solía esconderme bajo la manta durante las tormentas.
mis miedos eran el choque de los relámpagos y el rugir de los truenos.
ya no me escondo bajo la manta.
mis miedos han crecido; son más aterradores que los relámpagos.
ahora me escondo de ellos en tus brazos.

no quería amarte. estaba centrada en cosas muchísimo
más importantes. no tenía tiempo. no quería distraerme.
una distracción es lo que eras. qué inocente por mi parte.

mi amor por ti me consume.

te doy todo mi amor y toda mi atención ahora.
eres importante, lo único que importa. te daría
cada minuto que me queda si tuviera que hacerlo.
me pasaré la vida distraída por ti, y seré feliz.

después de todo, ¿qué es la vida sin ti?

¿me amarás? ¿me darás toda tu atención?
¿soy lo más importante de tu vida?
¿cómo pasarás el tiempo?
¿será conmigo?
¿te fijas en mí?
¿te hago feliz?

respóndeme, por favor. tengo miedo.

es cursi, lo sé. esto no es una película romántica, lo sé.
pero eso no impide que los pájaros canten cada mañana,
que el sol salga, o que la lluvia caiga. todo sigue y sigue
en perfecto.

llueve cuando estoy triste y brilla el sol cuando estoy
feliz.

los pájaros me despiertan en el momento justo. es
perfecto, incluso si solo lo pienso debido a ti.

dime

que soy la persona más guapa que has visto jamás.
dime que lucharías a través del infierno para salvarme.
dime que me amarás para siempre. dime que se nos
recordará en las estrellas. dime que esa canción te hace
pensar en mí. dime que me extrañas cuando no estoy
aquí. dime que no quieres que me marche nunca. dime
todo lo que amas del mundo. dime el porqué. dime todo
lo que tengas que contar sobre ti. dime tus secretos.
dime tus pesadillas. dímelo todo. dime que me amas.

dímelo de nuevo.

la primera vez que nos tomamos de la mano fue raro.
nuestro primer beso fue emocionante.
todas nuestras primeras veces son normales:
parte de lo cotidiano, ahora.
mis manos necesitan las tuyas.
mis labios extrañan a los tuyos.
no es justo
        que no estés conmigo.

está en las mañanas sencillas, despertando a tu lado,
cantando junto a los pájaros.

nos calienta en las noches frías cuando te acerco a mí,
acurrucándome más.

está en los días tranquilos a tu lado, trabajando en
nuestras cosas juntos.

está en las comidas que hacemos y en cada bocado que
disfrutamos juntos.

es amor.

un beso tuyo
crea calor.
ahora es invierno,
y cae la nieve.
así que, bésame.

sonriendo y bebiendo limonada
en un soleado día de verano.
acurrucándonos y besándonos
en una fría noche de invierno.

no te olvides de guardar agua para regar tu propia tierra.
es fácil dar y dar, lo sé. pero no puedes olvidartede ti.
si te quedas sin agua para ti, ¿cómo vas a regar a los
demás?
un árbol no puede dar mucha sombra si se le han caído
todas las hojas. una flor no florece sin la lluvia. ¿por qué
ayudas a los demás acrecer y florecer, pero te niegas a ti
esa belleza?

déjate florecer.

te cuento mis miedos más profundos,
conteniendo la respiración,
esperando el juicio.
en cambio, me abrazas
y vuelvo a respirar.

nunca supe lo que era el amor verdadero,
tú eres el primero,
que no solo dijo las palabras,
te amo,
sino que realmente me mostraste,
lo que esas palabras significan.

el amor no son las proposiciones de matrimonio, por muy espectaculares o anheladas que sean. no se trata de grandes viajes a lugares lejanos con días de grandes gastos y noches de lencería de lujo. ni siquiera se trata de parejas; es mucho más profundo que eso. el amor es la mezcla de personas, unas veces más mezcladas que otras. es acordarte de dar un beso antes de irte. es sacar la basura cada noche, sin que te lo pidan. es la forma en que la sonrisa de un desconocido parece hacerte sonreír a ti también, o cuando tu corazón parece que va a estallar al oír a alguien cantar. se trata de la conexión, una y otra y otra vez. tú lo conoces, él la conoce, ella los conoce y ellos me conocen a mí. se trata de ideas e intereses comunes, y también de respetuosas discrepancias. el amor no versa sobre el odio; no se centra en desacuerdos e imperfecciones. trata de construir puentes y permitir que la gente se cruce. trata de entenderse, aunque no se esté de acuerdo. el amor es permitirse ser débil, aunque nunca es débil quien pide ayuda. trata de devolver la amabilidad con la tuya propia. trata del ojo por ojo, pero no para castigar, sino para reconfortar. trata de pequeños regalos simplemente porque me hicieron pensar en ti. el amor no trata de cosas materiales, no es algo que se pueda tocar. es un sentimiento, a veces en el pecho, o en el estómago, o quizá en el calor de un abrazo. es intangible, pero el sentimiento que produce, la felicidad y la luz que aporta a las vidas más oscuras, eso es amor. el amor es brillante y cálido. cambia vidas. es necesario para tener una vida feliz. es necesario de muchas maneras: amando a los

demás, pero también necesitando que los demás te
amen, incluyéndote a ti.

- gracias

p. d.: si le han gustado las palabras del libro, considere
la posibilidad de dejar una reseña en amazon. ayuda más
de lo que cree.

instagram: @emilybirdpoesia

Libro 2

esto

me

hizo

pensar

en nosotros

EMILY BIRD